Ulrike Geisemei…

Grabschmuck

CHRISTOPHORUS
BRUNNEN-REIHE

Inhalt

Kreatives Gedenken

Im November, wenn die Bäume bereits größtenteils ihr Laub verloren haben, begehen wir in Erinnerung an Verstorbene zwei Gedenktage: Allerheiligen und Totensonntag. Die Gräber werden für den Winter vorbereitet und geschmückt.

Ich möchte Ihnen in diesem Buch zeigen, wie Sie Kränze, Gestecke, Mooskissen, Sträuße und Schalen ganz individuell gestalten können. Sie finden neben eher traditionellen Vorschlägen auch farbig akzentuierte Arrangements.

Nehmen Sie sich die Zeit, Grabschmuck – auch für den alljährlich wiederkehrenden Todestag – selbst anzufertigen. Dies ist ein ganz persönlicher Weg, eines Verstorbenen zu gedenken.

Ich wünsche Ihnen beim Nacharbeiten eine beschauliche Zeit

Material & Technik

Material und Werkzeug

Alle Gestecke sind mit natürlichen, verrottbaren Materialien gestaltet. Unter verschiedenen Koniferen- und Zypressengrünen gehört bei der Grabdekoration Blautanne zu den klassischen Grünsorten, aber auch die nicht stechenden Zweige der Nobilis finden Verwendung. Buchsbaum, Islandmoos und Efeu sorgen für Abwechslung. Frischblumen setzen farbliche Akzente.
Zur weiteren Gestaltung sind ebenfalls in Friedhofsgärtnereien und in Kreativmärkten zahlreiche exotische und heimische Trockenfrüchte und -blumen erhältlich.
Zum Binden der Kränze wird geglühter Wickeldraht benötigt.
Mit Patenthaften oder selbst gemachten kleinen Haken aus Steckdraht (Ø 0,8 mm) können beispielsweise Plattenmoos und Feenhaar befestigt werden.
Diese Werkzeuge werden immer benötigt und in der Materialliste nicht mehr erwähnt: Rosenschere, Küchen- oder Taschenmesser, Schere, Flachzange, Seitenschneider, Plastikhandschuhe.

Steckmasse

Für Gestecke und die Garnierung auf Kränzen wird Hart- oder Trockenschaummasse verwendet. Die Steckmasse auf die passende Größe zurechtschneiden, mit Resten von Island- oder mit Plattenmoos abdecken und mit Steckdraht umwickeln. Bei größeren Blöcken kann das Moos auch mit Maschendraht oder im Blumenfach-geschäft erhältlichen Gittern befestigt werden.
Die Steckmasse auf dem Kranz oder einem Mooskissen mit Steckdraht befestigen. Dazu die Steckmasse auf die entsprechende Stelle legen, den Draht durch die Steckmasse und die Unterlage stecken. Oben auf etwa 3 cm Länge umknicken, von unten festziehen, bis das doppelte Ende in der Steckmasse verschwindet. Das untere Ende auch umbiegen und in die Unterlage zurückstecken. Diesen Vorgang an verschiedenen Stellen wiederholen, bis die Steckmasse nicht mehr wackelt.

Römer

Römer sind Kranzrohlinge aus Stroh. Sie sind in verschiedenen Größen erhältlich und werden zunächst mit grünem Wickel-Vlies umwickelt.

Befestigen des Wickeldrahtes

Wickeldraht einmal um den Kranzrömer oder Steckmassenklotz legen. Das Ende des Drahtes mit dem weiterlaufenden Draht verdrehen, zurückstecken. Weiterarbeiten. Als Abschluss in den laufenden Draht eine Schlaufe biegen, verzwirbeln. Noch einmal mit dem laufenden Draht um den Römer oder die Steckmasse wickeln, den Draht abschneiden und das Ende mit der Schlaufe zusammendrehen. Die Spitze des Drahtes im Kranzrömer oder der Steckmasse verankern.

Grünschneiden und Anspitzen

Grün mit der Rosenschere zurechtschneiden. Die Schnittstelle sollte schräg sein und beim Stecken nach hinten zeigen. So ist die helle Schnittstelle nicht so auffällig. Verzweigungen sollten nicht unterhalb der Bindestelle liegen. Sträuße werden sonst instabil und Zweige finden in der Steckmasse weniger Halt. Stiele, die in die Steckmasse gesteckt werden, mit dem Messer kantig anspitzen.

Tuffs aus Islandmoos

Das Islandmoos kurz einweichen, abtropfen lassen. Mehrere Flocken Islandmoos zu einem Tuff zusammenlegen. Einen Steckdraht nach 2 cm umknicken und mit an den Tuff anlegen. Das lange Ende nicht zu fest um das Moos und den gedoppelten Draht wickeln, sonst reißt es.

Andrahten

Bei **Zapfen** ein Ende des Steckdrahtes etwa 2 cm stehen lassen, das lange Ende des Drahtes um den Zapfen wickeln und mit dem kurzen Ende (wenn nötig mit der Flachzange) zusammendrehen. Bei **Lotuskolben** den Draht wenig oberhalb des Stielansatzes durch den Kolben stecken und nach etwa 2 cm umknicken. Mit dem langen Ende um den Stielansatz und das kurze Ende des Drahtes wickeln. In die **Baumpilze** mit dem Messer einen kleinen Schlitz schneiden. Den Steckdraht durchstecken und die Drahtenden wie beim Zapfen sichern.
Kurze, weiche Tannenzweige lassen sich nicht gut stecken. Deshalb die Stiele bündeln und den Steckdraht auf 1/3 der Länge umbiegen, am unteren Ende der Zweige anlegen. Mit dem langen Ende des Drahtes die Stiele und das gedoppelte Drahtstück umwickeln.

Gedrahtete Materialien verarbeiten

Um beispielsweise Zapfen und Kolben fest im Gesteck zu verankern, den langen Draht durch die Steckmasse stecken und von unten festziehen. Das untere Ende umknicken und wieder in die Steckmasse stecken. Beim Kranz den Draht durch die Steckmasse und die Unterlage führen und das Drahtende in der Unterlage sichern. So ist alles wind- und wetterfest verankert.

Kranz mit Ranken

Material

- Strohrömer, 45 cm Ø
- Wickel-Vlies
- Blautanne
- Mischgrün
- Islandmoos
- 3 Agave Gigante
- 10 Schwarzkiefer-Zapfen
- 4 Barbigera Cup
- Grober Weidenkranz
- 1,5 m Juteband, 10 cm breit
- Steckmasse
- Wickeldraht
- Steckdraht

1 Den Strohrömer mit Wickel-Vlies umwickeln. Blautannen-Zweige in etwa 20 cm lange Stücke schneiden. Den Anfang des Wickeldrahtes am Römer befestigen (siehe Seite 4 & 5). Mit jeder Umwicklung etwas Grün befestigen. Da der Umfang größer ist als der innere Durchmesser, außen häufiger Zweige anlegen als innen. Den Draht immer wieder gut festziehen, damit das Grün stabil befestigt ist. Am Schluss das Drahtende abschneiden und sichern.

2 Für die Garnierung ein kleines Stück Steckmasse vorbereiten und befestigen (siehe Seite 4 & 5). Als Erstes etwas Mischgrün in die Steckmasse stecken. Dabei längere Zweige für den Rand und kürzere Zweige für die Mitte wählen.

3 Den Weidenkranz auseinander nehmen und die Ranken über dem Kranz und der Garnierung arrangieren. Mit Steckdraht an mehreren Punkten befestigen.

4 Als höchsten Punkt in die Mitte des Steckschaumblockes eine Barbigera Cup, eine weitere, kürzere Blüte nach hinten stecken. Die beiden anderen gestaffelt, nach außen mit der Form des Kranzes mitlaufend, in der Steckmasse platzieren.

5 Aus dem Juteband eine kleine und eine große Schleife binden und drahten. Die Enden des Bandes jeweils mit einem Knoten versehen. Die große Schleife in die Basis der Garnierung stecken und die Enden, der Form des Kranzes folgend, rechts außen anordnen und befestigen.

6 Mit den Agave Gigante die Zwischenräume füllen. Die Garnierung mit Tuffs aus Islandmoos und acht der angedrahteten, in Gruppen angeordneten Schwarzkiefer-Zapfen unterfüttern. Die restlichen beiden Zapfen zusammen mit der kleinen Juteschleife etwas links der unteren Mitte feststecken.

Gesteck in Rot

Material

- Mischgrün
- Islandmoos
- 2 Bambusstangen in Rot
- 8 Weymouth-Kiefer-Zapfen
- 4 Lotuskolben
- 2 Baumpilze
- 3 Repens Compacta
- Feenhaar in Rot
- Steckmasse
- Steckdraht

1 Einen halben Ziegel Steckmasse vorbereiten (siehe Seite 4 & 5). Das Grün schneiden und ein paar lange Zweige nach außen, kürzere Zweige nach hinten, vorne und in die Mitte stecken. Die Zwischenräume mit kurzen Grünzweigen füllen.

2 Das Feenhaar in Längsrichtung über das Gesteck legen. Die Bambusrohre jeweils in zwei Stücke im Verhältnis 2 zu 1 teilen. Die beiden längeren Teile zusammen mit Steckdraht drahten und flach auf dem Gesteck befestigen. Die beiden kürzeren Stücke senkrecht nach oben anordnen.

3 Die Zapfen, die Lotuskolben und die Baumpilze andrahten, Tuffs aus Islandmoos vorbereiten (siehe Seite 4 & 5). Die Repens in unterschiedlicher Länge in der Mitte des Gesteckes anordnen. Die Weymouth-Zapfen links am Bambus entlang nach oben und außen stecken. Die Lotuskolben in Gruppen arrangieren, Lücken mit Tuffs aus Islandmoos ausfüllen.

Tipp

Die Standfestigkeit des Gesteckes wird größer, wenn Sie stabile, große Zweige flach in die Steckmasse stecken, sodass diese auf einer Ebene liegen. So entsteht eine größere Auflagefläche.

Kranz aus Islandmoos

Material

- Strohrömer, 25 cm ∅
- Wickel-Vlies
- Islandmoos
- Koniferengrün
- Mischgrün
- 10 Strictum-Zapfen
- 2 Protea, geschnitten
- 4 Lotuskolben
- Eichenlaub, gefärbt, in Rot
- Steckmasse
- Patenthaften
- Wickeldraht
- Stützdraht

1 Den Strohrömer mit Wickel-Vlies umwickeln. Das Koniferengrün in etwa 15 cm große Stücke schneiden, am inneren und äußeren Rand des Kranzes als Streifen anlegen und mit Wickeldraht befestigen.

2 Den mittleren Streifen des Kranzes mit Islandmoos ausschmücken. Dazu das Islandmoos in Wasser einweichen und abtropfen lassen. Das Moos flockenweise verarbeiten. Die oberste, helle Schicht verwenden und nach 2 bis 3 cm mit einer Patenthafte feststecken. Mehrere Flocken nebeneinander, in der nächsten Reihe versetzt dahinter anordnen. Die Patenthafte und der nicht so schöne, untere Teil des Mooses sollten nicht mehr zu sehen sein.

3 Ein kleines Stück Steckmasse vorbereiten (siehe Seite 4 & 5) und auf dem Kranz befestigen. Mit etwas Grün und Eichenlaub die Grundform der Garnierung vorstecken, dabei die Form dem Kranz anpassen.

4 Die Protea in die Mitte der Garnierung stecken. Die Strictum-Zapfen drahten und die Hälfte davon, nach rechts mit dem Kranz mitlaufend, anbringen. Die übrigen Zapfen in die Mitte der Verzierrung stecken. Die Lotuskolben dazwischen und nach links, als Ausgleich zu den Strictum-Zapfen, platzieren. Verbleibende Lücken mit Grün auffüllen.

Strauß in Gelb

Material

- Mischgrün
- 2 Luffa in Gelb am Stiel
- 3 Macrophyllos-Rosetten
- 3 Schwarzkiefer-Zapfen
- 1 Baumpilz
- 2 Tontöpfe, 4 cm ∅
- Bast in Gelb
- Wickeldraht
- Steckdraht

1 Das Material gut vorbereiten. So kann der Strauß in einem Durchgang gearbeitet werden. Dafür die Zapfen, Tontöpfe und den Baumpilz drahten. Einige Baststücke bündeln und mehrfach knoten, eine Schlaufe legen und drahten. Das Grün schneiden und in Höhe der zukünftigen Bindestelle von Verzweigungen befreien.

2 Mit den langen Grünzweigen als Hintergrund anfangen. Darauf achten, in welcher Richtung das Grün gewachsen ist, damit die Stiele sich nicht in der Hand kreuzen, sondern parallel zueinander liegen. Die Grundform des Straußes sollte ein Dreieck sein.

3 Die beiden Luffa, hintereinander gestaffelt, in der oberen Spitze platzieren. Die Bindestelle zwischendurch mit Wickeldraht fest umwickeln. Das gibt Halt und erleichtert das Festhalten. Den Wickeldraht nicht abschneiden, sondern die nächste Schicht Tanne und die Macrophyllos damit befestigen, dabei die Zweige immer kürzer werden lassen. Die Schlaufe mit dem Bindebast diagonal anordnen, einige kurze Grünzweige umgekehrt über die Bindestelle legen und mit Wickeldraht umwickeln. Den Draht sichern und abschneiden. Die Stiele kürzen, den Draht des Baststranges umknicken und das Ende in die Bindestelle zurückstecken.

4 Den Pilz, die Zapfen und die Tontöpfe anordnen. Dabei die Drähte parallel zu den Zweigen durch die Bindestelle stecken. Den laufenden Blumendraht am Ende umbiegen und sichern.

Material

Mooskissen

- 1 Mooskissen-unterlage 30er
- Islandmoos
- etwas Grün
- 2 Nervosum SX
- 3 Strictum-Zapfen
- 6 Mohnkapseln
- 80 cm Trauerflor, 10 cm breit
- Steckmasse
- Patenthaften
- Wickeldraht
- Steckdraht

Gesteck mit Tulpen

- 1 Schale, 25 cm ∅
- Mischgrün
- 6 Tulpen
- 3 Palm Spear
- 6 Lotuskolben
- Bast in Gelb
- Steckmasse
- Stützdraht
- Steckdraht

Mooskissen & Gesteck mit Tulpen

Mooskissen

1 Das Mooskissen mit Islandmoos vorbereiten (siehe Seite 10). Die Steckmasse in der Mitte des Kissens befestigen.

2 Für die Garnierung etwas Grün länglich auf das Kissen stecken. Eine Nervosum in der Mitte nach oben und eine weitere etwas tiefer darunter platzieren. Die Mohnkapseln in zwei Gruppen (kurz gehalten) dazwischen anordnen. Mit etwas Grün den Untergrund abdecken.

3 Die Zapfen drahten, tief in die Basis der Garnierung stecken. Aus dem Trauerflor eine Schleife binden und drapieren. Der Schleifentuff sollte nicht zu weit aus der Garnierung herausragen. Am Ende der Schleifenenden je einen Knoten machen und diese mit Draht ins Islandmoos stecken.

Gesteck mit Tulpen

1 Steckmasse vorbereiten (siehe Seite 4 & 5) und fest in der Schale verankern (siehe Seite 28).

2 Das Grün schneiden. Mit den längeren Zweigen die Form und die Größe des Gesteckes vorgeben. Etwas kürzere Zweige für die Zwischenräume verwenden, bis die Steckmasse abgedeckt ist. Auch hinten einige Zweige platzieren.

3 Die Tulpen drahten und im Gesteck verteilen. (Eventuell Wasserröhrchen verwenden.) Verbleibende Lücken mit den Palm Spear füllen. Mehrere Baststücke bündeln, mehrfach knoten und drahten. Den Baststrang drapieren und befestigen. Die Lotuskolben andrahten und tief in der Basis anordnen.

Strauß in Rot

Material

- Mischgrün
- 3 Schilfkolben
- 3 Palm Spear in Rot
- 2 Repens
- 2 Landlotus in Rot
- 2 Zweige Strictum
- Wickeldraht
- Steckdraht

1 Die Lotus drahten, das Grün schneiden und in Höhe der zukünftigen Bindestelle von Verzweigungen befreien.

2 Die großen Grünzweige bilden den Hintergrund. Die Stiele sollten sich nicht in der Hand kreuzen, sondern parallel zueinander liegen. Das Grün, seiner Wuchsrichtung entsprechend, anordnen. Der Unterbau sollte ein Dreieck darstellen.

3 Die Schilfkolben, gestaffelt und nach oben gerichtet, platzieren. Wieder etwas Grün anlegen. Die Palm Spear auf der einen, einen Strictum-Zweig auf der anderen Seite platzieren. Die Bindestelle zwischendurch mit Wickeldraht fest umwickeln. Das gibt Halt und erleichtert das Festhalten. Den Wickeldraht nicht abschneiden, sondern die nächste Schicht Tanne und die Repens damit befestigen.

4 Einige kurze Grünzweige umgekehrt über die Bindestelle legen und mit Blumendraht umwickeln. Dabei die Wickelstelle nicht zu breit werden lassen. Die Stiele kürzen. Den Landlotus mit dem Draht parallel zu den Stielen durch die Bindestelle stecken, um diese abzudecken. Den Draht des Landlotus am Ende wieder umbiegen und in der Bindestelle verschwinden lassen.

Gesteck in Weiß

Material

- Mischgrün
- 2 Mintolla Ball, gebleicht
- 2 Cocosblätter
- 10 Lotuskolben
- 10 Halepensis-Zapfen, gebleicht
- Heller Kranz, 25 cm Ø
- Feenhaar
- Steckmasse
- Steckdraht

1 Einen halben Ziegel Steckmasse vorbereiten (siehe Seite 4 & 5). Das Grün schneiden. Lange Tannenzweige nach außen stecken. Sie legen die Größe des Gesteckes fest. In der Mitte, vorne und hinten kurze Zweige platzieren. Das Feenhaar über dem Gesteck verteilen.

2 Den weißen Kranz mit Draht auf dem Gesteck befestigen. Er sollte seitlich von der Mitte angebracht werden und möglichst stabil sitzen. Den Draht wie nachher bei den Zapfen und den Lotuskolben durch die Steckmasse stecken. Die Enden von unten miteinander verdrehen und verankern.

3 Die Mintolla Ball in der Mitte platzieren und nicht zu lang lassen. Das ganze Gesteck ist flach und länglich gehalten. Die Cocosblätter als Ausgleich zum Kranz an der andere Seite des Gesteckes anordnen. Die gedrahteten Zapfen und Lotuskolben kurz halten und in Gruppen anordnen. Damit die Basis ausgestalten. Zwischendurch den Untergrund mit etwas kurzem Grün füllen.

Hohes Gesteck

Material

- Mischgrün
- 3 Cardoni
- 8 Halepensis-Zapfen
- 6 Lotuskolben
- 3 Zweige Strictum
- 3 Schilfkolben
- 3 Baumpilze
- Eichenlaub, gefärbt, in Rot
- Palmenfaser
- Steckmasse
- Blumendraht
- Steckdraht

1 Einen halben Ziegel Steckmasse vorbereiten (siehe Seite 4 & 5). Das Grün schneiden und mit ein paar langen Zweigen die Größe des Gesteckes festlegen. Für die Zwischenräume etwas kürzeres Grün verwenden. Obwohl das Gesteck eine Ansichtsseite hat, auch nach hinten Grün stecken, sodass die Steckmasse nicht mehr zu sehen ist.

2 Die Schilfkolben dicht zusammen und nach oben gestaffelt platzieren. Den Baumpilz, die Zapfen und die Lotuskolben andrahten. Den Baumpilz nach unten rechts stecken. Die Cardoni möglichst in einer Gruppe anordnen. Die Strictum-Zweige in die Lücken setzen.

3 Den Palmfaserstreifen als Ausgleich zum Baumpilz mit Draht tief in die Basis stecken. Die Zapfen und den Lotuskolben dazwischen anordnen. Mit dem Eichenlaub und noch etwas Grün die Lücken füllen.

Kranz mit Blautanne

Material

- Strohrömer, 35 cm Ø
- Wickel-Vlies
- Blautanne
- Mischgrün
- 4 Mohnkapseln
- 12 Schwarzkiefer-Zapfen
- 3 Nervosum SX
- 1 Stück Baumrinde
- Steckmasse
- Wickeldraht
- Steckdraht

1 Den Kranzrömer wie auf Seite 6 beschrieben mit Blautanne gestalten. Für die Garnierung ein kleines Stück Steckmasse vorbereiten und befestigen.

2 Als Erstes Mischgrün in die Steckmasse stecken. Dabei als Grundlage für die Garnierung etwas längere Zweige für den Rand und kürzere Zweige für die Mitte wählen. Darauf achten, dass die Steckmasse verdeckt wird.

3 Zwei Nervosum, in der Höhe gestaffelt, in die Mitte der Garnierung stecken. Die blattbesetzten Stiele der Nervosum nach außen hin, mit dem Kranz mitlaufend, anordnen. Eine weitere Nervosumblüte dazufügen.

4 Die Baumrinde drahten und unterhalb der Nervosum auf der Steckmasse befestigen. Eine Gruppe der angedrahteten Zapfen links unterhalb der Nervosum, mit dem Kranz mitlaufend, anordnen. Vier Zapfen hinter die Garnitur, die restlichen drei auf den unteren Rand des Kranzes stecken. Zwischen den beiden Zapfengruppen der Garnierung die Mohnkapseln und etwas Grün platzieren.

Gesteck mit Nelken

Material

- Mischgrün
- 9 Edelnelken in Rot
- 5 - 6 Wasserröhrchen
- 4 Estrelizia-Blätter in Rot
- 10 Schwarzkiefer-Zapfen
- 2 große Baumpilze in Gelb
- Bast in Gelb
- 2 m Trauerflor, 10 cm breit
- Steckmasse
- Stützdraht
- Steckdraht

1 Einen halben Ziegel Steckmasse vorbereiten (siehe Seite 4 & 5). Mit Grün die Grundform des Gesteckes stecken. Mit kurzen Zweigen die Basis füllen, sodass die Steckmasse gut abgedeckt ist.

2 Die Estrelizia-Blätter, der länglichen Grundform des Gesteckes folgend, in der Steckmasse platzieren. Einige Stücke Bindebast bündeln und mit mehreren Knoten versehen, drapieren und mit Draht befestigen.

3 Die Wasserröhrchen mit Wasser füllen und in die Mitte der Steckmasse stecken. Dazwischen etwas Grün verteilen. Aus dem Trauerflor zwei Schleifen binden und andrahten. Zusammen mit den gedrahteten Zapfen in die Basis stecken. Dabei den Draht durch die Steckmasse führen, die Enden von hinten umknicken und in der Steckmasse verankern. Die Nelken kürzen, drahten und in die Röhrchen verteilen. So sind die Nelken für zwei bis drei Tage mit Wasser versorgt.

Tipp

Gedrahtete Frischblumen bleiben in der gewünschten Position stehen und frieren je nach Wetterlage mit ein, knicken aber nicht um. Dazu Stützdraht von unten in den Blütenansatz stecken und um den Stiel der Blume wickeln.

Kranz in Rot

Material

- Strohrömer, 35 cm ∅
- Wickel-Vlies
- Grün (Blautanne, Koniferen, Buchsbaum)
- 12 Schwarzkiefer-Zapfen
- 9 Landlotus in Rot
- Weidenranken
- Feenhaar in Rot
- Wickeldraht
- Steckdraht

1 Den Strohrömer, wie auf Seite 6 beschrieben, mit dem gemischten Grün vorbereiten.

2 Das Feenhaar und die Weidenranken auf dem Kranzrömer verteilen und mit Steckdraht befestigen. Die Zapfen und den Landlotus andrahten, gleichmäßig über den Kranz verteilen und befestigen (siehe Seite 4 & 5).

Tipp

Wenn beim Wickeln des Kranzes ein paar Lücken im Grün entstanden sind, können Sie diese mit kurzen Grünzweigen füllen. Einfach in die Lücken stecken und mit Patenthaften befestigen.

Schale mit Reisigkranz

Material

- Tonschale mit Loch, 25 cm Ø
- Mischgrün
- Islandmoos
- Reisigkranz, etwa 25 cm Ø
- 6 Baumpilze
- 9 Schwarzkiefer-Zapfen
- 6 Repens
- Steckmasse
- Steckdraht

1 Die Steckmasse vorbereiten (siehe Seite 4 & 5) und fest in die Schale stecken. An einem etwa 5 cm langen Zweig zwei Steckdrähte befestigen, die etwa doppelt so lang sind, wie die Schale hoch ist. Die Drähte von außen durch das Loch der Schale und die Steckmasse hindurchstecken. Oben auf der Steckmasse die Drahtenden mit einem weiteren Zweig zusammendrehen, sodass das Gesteck wind- und wetterfest in der Schale verankert ist. Die Zapfen, das Islandmoos und die Baumpilze mit einem längeren Steckdraht versehen, sodass zwei Enden statt einem herausstehen. Dazu die Mitte des Steckdrahtes beispielsweise um einen Zapfen wickeln und verzwirbeln.

2 Eine Reihe Grün um den Schalenrand herumstecken. Die Baumpilze ebenso anordnen. Darüber den Weidenkranz mit Draht befestigen. Wieder etwas kurzes Grün kreisförmig einarbeiten.

3 Die Repens etwas erhöht in der Mitte platzieren und den Zwischenraum zum Weidenkranz mit einer Reihe Zapfen und einer Reihe Islandmoos füllen.

Moosherz & Strauß

Material

Herz

- Herzunterlage, 35 cm Ø
- Islandmoos
- 11 Strictum-Zapfen
- 2 Lotuskolben
- 2 Bananenstem
- 2 kleine Baumpilze
- 2 Cardoni
- Patenthaften
- Blumendraht
- Steckdraht

Strauß

- Mischgrün
- Islandmoos
- 6 Schwarzkiefer-Zapfen
- 3 Weymouth-Kiefer-Zapfen
- 3 Repens in Rot
- 2 Baumpilze
- 6 Lotuskolben
- 1 m Juteband, 5 cm breit
- Blumendraht
- Steckdraht

Moosherz

1 Islandmoos auf das Herz stecken (siehe Seite 10). Einen kleinen Fleck für die Steckmasse frei lassen. Die Steckmasse auf die passende Größe zurechtschneiden, umwickeln und befestigen (siehe Seite 4 & 5).

2 Etwas kurzes Grün als Untergrund stecken. Die gedrahteten Baumpilze am Rand der Steckmasse befestigen und die Bananenstem länglich auf dem Herz anordnen. Eine Cardoni als höchsten Punkt in der Mitte der Garnitur, die andere, etwas kürzere, daneben platzieren. Dazwischen etwas Grün und einen Teil der Strictum-Zapfen in einer Gruppe daneben stecken. Die Zwischenräume mit Lotuskolben füllen. Auf der anderen Seite des Herzens einen kleinen Zweig und drei Zapfen als Gegengewicht anbringen.

Strauß

1 Das Grün für den Strauß auf die passende Länge schneiden und die Stiele bis zur Höhe der Bindestelle von Zweigen befreien. Die Zapfen, Baumpilze und das Islandmoos drahten. Aus der Jute eine Schleife binden und ebenfalls mit Steckdraht versehen.

2 Mit der Mitte des Straußes beginnen. Als höchsten Punkt eine Repens, die anderen beiden in unterschiedlicher Höhe daneben anordnen, dazwischen Grün anlegen. Den Strauß während des Bindens drehen, um eine kugelige Form zu erhalten. Die Bindestelle zwischendurch mit Blumendraht umwickeln, so ist es einfacher, den Strauß zu halten. Darauf achten, dass die Stiele dort parallel zueinander liegen. Nach und nach das Grün, die Lotuskolben, die Zapfen und das Islandmoos einarbeiten. Dabei das Material möglichst in Gruppen anordnen. Mit den Baumpilzen und einer Reihe Grün abschließen.

Impressum

ISBN 3-419-56440-6

Textredaktion:
Anja Huss, Freiburg

Styling und Fotos:
Roland Krieg, Waldkirch

Covergestaltung und Layoutentwurf:
Network!, München

Gesamtproduktion:
smp, Freiburg
Layout: Gisa Bonfig, Freiburg

Druck:
Freiburger Graphische Betriebe

Wir sind für Sie da, wenn Sie Fragen haben.
Und wir interessieren uns für Ihre eigenen Ideen und Anregungen.
Schreiben Sie uns, wir hören gerne von Ihnen!
Ihr Christophorus-Team

Christophorus-Verlag GmbH
Hermann-Herder-Str. 4
79104 Freiburg
Tel.: 0761/ 27 17-0
Fax: 0761/ 27 17-3 52
oder e-mail:
info@christophorus-verlag.de

www.christophorus-verlag.de

Profi-Tipps der Autorin

■ Bereiten Sie, bevor Sie mit dem Binden der Kränze oder dem Gestalten der Gestecke beginnen, das Material gut vor. Drahten Sie Zapfen, Baumpilze und Ähnliches an, schneiden Sie das Grün zurecht und legen Sie alles geordnet auf einem großen Tisch aus. So können Sie anschließend zügig arbeiten.

■ Beim Verarbeiten von Blautanne empfiehlt es sich, mit Handschuhen zu arbeiten.

■ Tannenharz an den Händen können Sie mit Reinigungsseifen und -pasten, aber auch mit Margarine entfernen.